Bibliografische Information der Deutschen Nationalbibliothek:

Die Deutsche Bibliothek verzeichnet diese Publikation in der Deutschen Nationalbibliografie; detaillierte bibliografische Daten sind im Internet über http://dnb.d-nb.de/ abrufbar.

Impressum:

Druck und Bindung: Books on Demand GmbH, Norderstedt Germany
ISBN: 978-3-668-18046-8

Dieses Buch bei GRIN:

http://www.grin.com/de/e-book/318392/systemische-kunsttherapie-ansaetze-und-vertreter

Mareike Korp

Systemische Kunsttherapie. Ansätze und Vertreter

Eine Zusammenfassung in Stichpunkten

GRIN Verlag

Systemische Kunsttherapie
nur ganz kurz die Ansätze. Alles von oben sehen. Vertreter und Richtungen aufschreiben
warum überhaupt KT so wichtig?
Richtung der Prüfung wissen. Wo ist der rote faden
Mir ausmalen, wie würde ich systemisch arbeiten, plus Methoden
Alle Fremdwörter nachschlagen

Begründung
- habe mich lange mit Psychoanalyse und Objektbeziehungstheorie befasst. Als Kontrast dazu systemischer Ansatz (evtl. Schnittstelle systemisch/psychoanalytisch)
- das Systemische und die Betrachtung des Individuums in seinem Zusammenhängen ist unerlässlich geworden
- erkenne ich auch an meiner Arbeit. Zusammenarbeit mit Familie, Freunden etc. Kontext muss beachtet werden (KoKoBe, PLG-direkte Integration, Psychiatrie-reden über...)

demnach Hypothesen:
- Die Integration der systemischen Betrachtungsweisen in die (Kunst)Therapie ist von Bedeutung.
- Insbesondere durch die Ausdrucksmittel der Kunsttherapie können systemische Betrachtungsweisen umgesetzt werden.
- anhand unterschiedlicher kunsttherapeutischer Ansätze ist zu erkennen, dass nicht ausschließlich systemisch gearbeitet werden muss, sondern Systemtheorie wird neben anderen Ansätzen integriert

Hypothesen:

Die Integration der systemischen Betrachtungsweisen in die (Kunst)Therapie ist von Bedeutung.
- warum nur „Integration" (Bsp. der vier Therapieansätze)
- systemische Botrachtungsweisen
- Begründung (Wirkfaktorenmodell)

Insbesondere durch die Ausdrucksmittel der Kunsttherapie können systemische Betrachtungsweisen umgesetzt werden.
- am Beispiel unterschiedlicher Therapieansätze

Definitionen:
Systemische Therapie: psychotherapeutische Fachrichtung, die systemische Zusammenhänge und interpersonelle Beziehungen in einer Gruppe als Grundlage für die Diagnose und Therapie von seelischen Beschwerden
Systemisch:
Lösungsfokussiert:
Konstruktivismus: die Wirklichkeit ist keine äußere Eigenschaft= es gibt keine objektive Wirklichkeit. Wirklichkeiten werden von handelnden/erlebenden Menschen selbst geschaffen und sind abhängig von deren subjektiver Wahrnehmung ihrer Umwelt. Die Realität wird von jedem Individuum neu gestaltet (= konstruiert). Manchmal konstruieren Menschen Situationen oder interpretieren das Verhaltens anderer so, dass wieder eine neue Wirklichkeit hervorgerufen wird, wie beispielsweise Ängste etc..
Luhmann:

Literatur:
Heike Schemmel, Dietmar Selig und Ruth Janschek-Schlesinger (2008): „Kunst als Ressource in der Therapie-Praxisbuch der systemisch-lösungsfokussierten Therapie"
- Armln-Haffke: veraltete Methoden als neue Methoden dargestellt (vieles geht auf de Shazer/ Berg zurück)
- Autoren bewegen sich aus drei Ecken aufeinander zu= lösungsorientierte Therapie, Handwerk und Kunsttherapie= systemische Sichtweise ist dann die gemeinsame Schnittstelle
warum nähern sie sich an?

Helen Landgarten (1991): „Kunsttherapie als Familientherapie-ein klinischer Leitfaden mit Falldarstellungen"
- Laufbahn 1967 als Familien-Kunstpsychotherapeutin
- Kunstpsychotherapie ist psychotherapeutische Technik, die mit Theorien der Familiensysteme im Einklang ist
- Klinische Kunsttherapie und familientherapeutische Grundlagen gemeinsam!!!!
- Falldarstellungen: sexueller Missbrauch, Eltern leben in Scheidung, Kind mit Enkopresis, alleinerziehender Elternteil, ausagierter Jugendlicher, Mehrgenerationenfamilie mit todkranker Großmutter

Gisela Schmeer (1994): „Krisen auf dem Lebensweg-psychoanalytisch-systemische Kunsttherapie"

E Madelung (1994): „Neuroimaginatives Gestalten-ein systemischer Ansatz in der Gestaltungstherapie"

H Feiereis (1989): „Familientherapie"

Themenblöcke
- Familientherapie (Definition, Entstehung)
- Systemische Therapie (Entwicklung, systemische Betrachtungsweisen, Umsetzung in der Kunst)
- Begründung der systemischen Sichtweise
- Systemisch-lösungsfokussierte Kunsttherapie (Entwicklung, Grundannahmen/Entwicklung der lösungsfokussierten Therapie, Ziele, familiäre Funktionsstörungen, Handwerkzeug, Methoden, Projekte)

Therapieverläufe
- Systemisch-lösungsfokussierte Therapie (Schemmel, Selig, Janscek.Schlesinger 2008)
- klinische Kunsttherapie (Langarten 1991)
- Systemisch-psychoanalytischer Ansatz (Schmeer 1994)
- Systemisch-gestaltungstherapeutischer Ansatz (Madelung 1994)

Familientherapie (Definition, Entstehung) (50er Jahre)
Es existiert noch kein geschlossenes theoretisches Konzept
- Erste Ansätze der Familientherapie stammen aus der Psychoanalyse, Aufbereitung der Familiengeschichte, Beziehungen über Generationen hinweg
- z. B. Ackermann (1951 New York) arbeitet mit emotional belastenden Familien, Einsicht in zurückliegende Erfahrungen und Konflikte. Insbesondere Schizophrenie (von Jackson et al. 1956 als Beziehungsstörung definiert). Auch in anderen Teilen der Welt ab 50er Jahre Familientherapeutische Arbeit, z.B. Philadelphia
- (Aus der Verhaltenstherapie wird die strukturelle Familientherapie abgeleitet)
- Heute hat Familientherapie eigene Sprache entwickelt: geht Richtung systemische Familientherapie.
- Familie als Systemganzes: nicht das gestörte Individuum steht im Vordergrund, sondern die dysfunktionalen Beziehungsmuster. Störungen werden in größere Systemzusammenhänge eingebettet (Vernetzung mit Umwelt). Berücksichtigen, dass mit dem Therapeuten die Familien ein neues, nämlich das therapeutische System bilden

Therapieform interveniert mit vier relevanten Schlüsselereignissen:
1. *Selbstwert der Familie und jeden Mitglieds*
2. *familiäre Kommunikation und Interaktion (Bsp. symmetrische/gleichrangige oder komplementäre Familienbeziehungen)*
3. *Regeln zur Verhaltenssteuerung innerhalb der Familie, die Einfluss auf das Familiensystem haben*
4. *Verbindung der Familie zur Gesellschaft*

ABER: Qualitative Veränderungen werden nicht während der Sitzungen erreicht, sondern zwischen der Therapiezeit und zu Hause

Systemische (Familien-) Therapie (Entwicklung, systemische Betrachtungsweisen)
Entwicklung:
- Entwicklung der systemischen Therapie aus der Familientherapie
- Letzte grundlegende Entwicklung einer Psychotherapieschule (Therapieschulen: *tiefenpsychologische Ansätze*: Unbewusstes, Konflikt, Energie, *Verhaltenstherapie*: Lernen,

Veränderung durch Handeln, Kognition, *Humanistische Ansätze*: Begegnung, Wachstum, Autonomie, *Systemische Ansätze*: Zirkularität, Kommunikation, Betrachtung des gesamten Systems, Dynamik)
- Kriz: 50er Jahren USA und Europa- Entwicklung eines systemischen Therapiekonzepts, richtige Anfänge in 70er Jahren

Mental Research Institut (MRI) in Palo Alto von Jackson/Satir/Ruskin. Angestellte: Watzlawick, Weakland etc.
- es flossen Kommunikationstheorien, Kybernetik (Wissenschaft von der Steuerung komplexer Systeme wie Kommunikation, Feedback), Selbstorganisation biologischer Systeme in Praxis/ Theorie ein
- Kombination verschiedener Theorien: Psychoanalyse, Erfahrungstheorie, Struktur- und Strategietheorie, Kommunikations- und Verhaltenstherapie. Kommunikationstherapeut (Jackson, Watzlawick) und Verhaltenstherapeut (Friedman)
- es entstanden erste Ausbildungsprogramme für Familientherapeuten. Heute Keimzelle der systemisch-therapeutischen Arbeit

----

systemische Therapieansätze und Interventionsformen (Bei der Entwicklung der Familientherapie zur systemischen Therapie lassen sich vier Hauptrichtungen unterscheiden)

1. psychoanalytisch geprägte Familientherapie, Schwerpunkt auf inhaltlichen Aspekten wie ungelöste Trauer (Stierlin, Richter, Ackermann) schmeer
2. erfahrungszentrierte Familientherapie (Satir 1977). Verwandt mit humanistischen Ansätzen wegen Betonung der Autonomie und Verantwortung- Schwerpunkt auf Erfahrung der Familienmitglieder mit vergangenen und gegenwärtigen Reaktionen aufeinander, Interaktionen
3. strukturelle Familientherapie (Munuchin 1967). Symptome werden im Zusammenhang mit Struktur des Familiensystems und seinen Subsystemen erklärt unter Berücksichtigung der Handhabung von Grenzen, die sich (un)günstig auswirken.
4. strategische Familientherapie (Haley 1977; Palo-Alto-Gruppe wie Watzlawick, Weakland, Fish otc). Schwerpunkt auf Interaktionsstrukturen und -muster

- früher wurde meist mit Familien, seltener mit Paaren gearbeitet, kaum in der Gruppe. Heute kann systemische Therapie sogar ohne Familie stattfinden, Einzelsitzungen.

Neuere konstruktivistisch orientierte Ansätze der systemischen Therapie
Entwicklung der narrativen Therapie (Eptson/ White 2006)
und lösungsfokussierten Therapie (de Shazer, Kim Berg)
= Parallel zu Familienkonzepten. Paradigmenwechseln zunächst nur in Philosophie, dann Einfluss auf Psychotherapie

Systemische Betrachtungsweisen:
Eine rein individualisierte Sichtweise auf psychische Störungen wird aufgegeben
- Symptome werden im Kontext der familiären, sozialen, ökonomischen, gesellschaftlichen Lebensbedingungen gesehen. Und ihre zeitliche Dimension berücksichtigt
- Sichtweise auf Person/Organismus: beinhaltet zum einen Kernfamilie, erweiterte Familie, Freunde, Staat/ Gemeinde, Bundesland, Staat etc. und zum anderen Organsystem, Organ, Molekül etc. (deshalb psychosomatisch) = Blick muss erweitert werden: auf System Familie etc.

subjektive Wahrheiten
- jedes Mitglied des Systems kann unterschiedliche Sichtweise haben: es gibt nicht die objektive Wahrheit

Konzept der Zirkularität (Kreisförmigkeit)
- Eine lineare Sichtweise wird aufgegeben und durch eine zirkuläre Betrachtungsweise ersetzt. Gibt keinen klaren Anfang/ kein klares Ende eines Problems.
- Keine linearen Ursache-Wirkungs-Zusammenhänge, sondern Ursache und Wirkung beeinflussen sich gegenseitig. Von vielen Faktoren zusätzlich beeinflusst. Zeitdimension ist elementar wichtig
- Grundfrage an Prozess verändert sich von Warum? zum Wie? Um Gesamtprozess und wiederkehrende Muster beschreiben zu können.
- Geht nicht um die Entdeckung der Ursache, sondern um Destabilisierung eines leidschaffenden Systems, um Impulse für Neuorganisation zu geben

- Beispiel für sich selbst erhaltendes System einer Paardynamik: Rückzug des Mannes Ursache für das Nörgeln der Frau. Nörgeln der Frau ist Ursache für den Rückzug des Mannes= um Veränderung zu erreichen, ist Frage wichtig: wie wird dieser Prozess aufrechterhalten? Was kann wer tun um aus dem Teufelskreis auszusteigen?

Aktueller Stand:

- immer häufiger Annäherung von Kunsttherapie und systemischer Therapie. Systemische Therapeuten entdecken Kunst, Spiel, Theater als Ressource. Beziehen kreative Methoden mit in ihre Arbeit ein
-

Ziele mit dem Mittel der Kunst erreichen

- Beobachten, ob Familie bei künstlerischer Arbeit als Einheit funktioniert

Verhaltensänderungen als Schwerpunkt!

Arbeitsweisen:

1. psychoanalytischer Praktiker (Ackermann)= bietet Deutungen an, die er im Prozess wahrgenommen hat
2. Erfahrungstheoretiker= sorgen für innovative künstlerische Erfahrungen, die Gefühle, Spontaneität etc. ansprechen
3. Strukturalist (Minuchin)= aktive Regisseure: unterbrechen Transaktionsverhalten der Familie und neue Rollen sollen arrangiert werden
4. Kommunikationstherapeut (Jackson, Watzlawick)= zirkuläres Kausalitätsmodell. Beobachtung der familiären Kommunikationsmuster, Entscheidungsfindung etc.
5. strategischer Therapeut (Haley)= künstlerische Mittel für paradoxe Interventionen. Lösen des Problems
6. Verhaltenstherapeuten (Friedman)= Erziehungszwecke, Verstärkung etc.

Künstlerische Aufgabe in drei-facher Hinsicht wertvoll:

1. Prozess= dient als Werkzeug für Diagnose, Interaktion und Einübung von Verhaltensweisen
2. Inhalt= zeigt unbewusste und bewusste Kommunikation
3. Produkt= Nachweis für Gruppendynamik

Begründung der systemischen Sichtweise: Wirkfaktoren der Psychotherapie

2 Modelle

Modell von Miller,. Duncan, Hubble (2003) setzt andere Schwerpunkte

- 40% außer- bzw. extratherapeutische Faktoren= Aspekte der Klientin und ihres Umfeldes: soziale, ökonomische und persönliche Ressourcen
- 30% Beziehung
- 15% Technik, Methoden und 15% Hoffnung

= Modell relativiert Einflussmöglichkeiten des Therapeuten innerhalb des Settings. Ermutigt Therapeutinnen sich für außertherapeutische Faktoren zu interessieren, anstatt nur in der Therapie Veränderungen erzielen zu wollen= deshalb systemische Sichtweise

Modell von Grawe (1998)

1. Ressourcenaktivierung
2. Unterstützung in der Klärung von Zielen, Motivation zur Veränderung (Intentionsveränderung)
3. konkrete Hilfe bei der Problembewältigung (Intentionsrealisierung)
4. Begleitung bei dem Erleben korrektiver Erfahrungen (Prozessuale Aktivierung oder das Prinzip der unmittelbaren Erfahrung)

= Grawe: expertenorientierte Haltung, wenn Therapeut Patient gutes Bild von Situation gemacht hat

Unterschied: Therapeuten also mehr oder weniger Macht bzw. andere Rolle

Systemisch-lösungsfokussierte Kunsttherapie (Entwicklung, Ziele, Therapieschritte, familiäre Funktionsstörungen, Handwerkzeug, Methode/ Projekte)

Entwicklung:

Innerhalb der Kunsttherapie vier große Strömungen: [nach Selig et al.]

- psychotherapeutischer, heilpädagogischer, Künstlerisch-musisch-kunstpädagogischer und

Anthroposophischer Ansatz= alle klientenzentriert, prozessorientiert, problemorientiert
- systemischer Ansatz= systemorientiert, lösungsorientiert, ressourcenorientiert (Versuch systemisch-lösungsfokussiertes Denken und Kunsttherapie zusammen zu bringen)

Entstehung/Grundannahmen der lösungsfokussierten Therapie (de Shazer/Berg)
- entwickelt sich aus den strategischen Ansätzen. Insbesondere Weakland aus der Palo-Alto-Gruppe war Wegbereiter
- fußt auf der bisherigen Vorstellung: Fokus auf sozialen Beziehungen. Ansatz schlägt jedoch einige andere Wege ein

1. Veränderung ist konstant- Stabilität ist Illusion

- Während man in der strategischen Familientherapie davon ausgeht, Familie möchte homeostatische Balance erzielen, sagt das lösungsfokussierte Denken, Veränderungsprozesse sind unvermeidlich und ereignen sich fortlaufend
- Kleine Ziele als erster Weg zur Lösung. Große Veränderungswünsche erhöhen Gefahr des Scheiterns. Veränderung des Teilsystems kann ganzes System verändern

2. Perspektivwechsel: Weg vom Problem hin zur Lösung

- Lösung eines Problems muss nicht zwangsläufig mit dem Problem etwas zu tun haben. Lösung eines Problems hängt weniger mit den Ursachen des Problems als mit dem Ziel des Klienten zusammen. Therapie auch effektiv, wenn beide das Problem gar nicht kennen
- Folge: Zielentwicklung! Entwicklung einer Zielperspektive, Bsp. die Wunderfrage gibt Richtung.
- Kommt eine Therapie nicht voran, hat Patientin zu wenig Energie oder Ziele haben sich geändert. Widerstand wie in der Psychoanalyse gibt's nicht

3. Menschen verfügen über die Fähigkeit ihre Probleme zu lösen

- Haben Kraft/Mittel dazu- Aufgabe der Therapeuten Klienten bei der eigenen Stärkenfindung zu unterstützen. Klienten bestimmen Therapiethemen. Therapeutin für Fragen und Struktur zuständig

4. Es gibt keine Wahrheit: die soziale Konstruktion von Wirklichkeit

- Bedeutung und Erfahrung werden sozial konstruiert: Probleme entstehen im Zusammenhang menschlicher Interaktion und werden dort aufrechterhalten. Lösung ist die Veränderung der Interaktion bzw. des Kontextes
- Im Gespräch konstruieren Therapeut/Klient neue Wirklichkeit. als Ansatzpunkt für Veränderung. Neue Perspektive auf das Problem. Fokus auf Fortschritte und Ressourcen
- Lösungsfokussierte Therapeuten konstruieren bewusst bestimmten Rahmen von Therapie. Bsp. Ende der Therapie wird von Anfang an mitbedacht, Veränderungen werden vor der Therapie miterfragt. Dauer der Veränderung orientiert sich an Zielen der Patientin

Ziele:
- VERÄNDERUNG! (Klinischer Kunsttherapeut als Agent für Veränderung= mittels der künstlerischen Materialien)
- Verschiedene Familientherapieschulen (Kommunikation, Verhalten ...) verfolgen verschiedene Ziele. Übereinstimmung in zwei Punkten:
  1. Lösung der vorgestellten Probleme
  2. Erleichtern der Aufgaben, die sich der Familie im Zusammenhang mit den einzelnen Entwicklungsphasen im Lebenszyklus stellen

Vorgehensweisen:
- vor dem theoretischen Hintergrund des sozialen Konstruktivismus= Klient und Therapeut konstruieren durch Gespräche/Gestaltung neue nützlichere Wirklichkeit
- Nicht die Fragen nach Ursachen im Vordergrund, sondern Blick in die Zukunft
- Klienten werden im Kontext der sozialen Netzwerke betrachtet, Familie, Beruf, Schule etc.
- Perspektivwechsel: Dinge von verschiedenen Seiten aus betrachten: allein Gestaltung schafft Perspektivwechsel. Problemkreislauf unterbrechen. Klienten lassen neue Ordnung entstehen
- Ressourcenaktivierung (verborgene Kenntnisse, Blick auf die gesunden Anteile/ Stärken) - Nicht die Fragen nach Ursachen im Vordergrund, sondern Blick in die Zukunft

Konkrete Therapieverläufe: Systemisch-lösungsfokussierte Kunsttherapie (Schemmel, Selig etc.)
1. Erstes Ziel der Therapie: Problem-Kreislauf unterbrechen/ Perspektivwechsel vom Problem zur

Ressource
- Leben wird nur noch durch das Problem bestimmt. Ganze Familie organisiert sich um das Problem herum. De Shazer: „ProblemTrance"
- Methoden: Stärkentier, Lebensfluss

durch Ressourcenaktivierung
- Funktion: vorhandene Potentiale sichtbar machen. Ressource als Motor zur Veränderung. Bsp. es finden sich Hinweise darauf, dass die Familie die ersten 3 Jahre mit Carlo klarkam
- Bsp. aggressives Kind. Potentiale der Familie/ des aggressiven Kindes sichtbar machen „was kann ihr Sohn denn gut?".
- Arbeit nach „Veränderung ist konstant-Stabilität ist Illusion": gibt Schwankungen des Problems, Ausnahmen und aktuelles Leben neben dem Problem
- Ressourcenaktivierung wirkt indirekt auf therapeutische Beziehung (Therapeut interessiert sich für verschiedene Facetten des Lebens)

Realisierung des Perspektivwechsels in der Kunsttherapie
- Malen als Ausdrucksmittel. Um versteckte Potentiale des Malers zu wecken
- Problemaktivierung nur dann erfolgreich wenn zeitgleich Ressourcenaktivierung, z.B. Mutter wurde motiviert, auf Carlos Stärken zu gucken. Dann wurde Sohn plötzlich gelobt. Brauch Anerkennung durch Aggressionen nicht mehr. Mutter fühlte sich lockerer und kompetenter
- Ressourcen müssen in Abhängigkeit mit den Zielen betrachtet werden

2. Zielperspektive entwickeln (dem Veränderungsprozess eine Richtung geben)
- Methoden: Wunschbaum, Lebensfluss für die Zukunft, Wunsch-Selbstportrait, Wunderfrage
- Ziel zumeist „Problem soll weg sein". Problem darf aber nicht nur weg sein, sonst weiß man nicht wohin, Zukunftsperspektive soll konkret vorstellbar sein. Positiv-Formulierung anstatt Negativ-Formulierung
- konkrete Zielperspektive liefert Motivation, Schubkraft zur Veränderung, Möglichkeit zur Standortbestimmung
- z.B. mit der Wunderfrage:
„Stellen Sie sich vor, Sie gehen an einem der nächsten Abende ins Bett... schlafen ein... tief ein... und mitten in der Nacht... aber sie schlafen tief und fest... geschieht ein Wunder und ihr Problem, mit dem sie hier hergekommen sind, ist gelöst... schlafen weiter... bis zum nächsten Morgen... und wachen auf... Woran werden sie als erstes erkennen, dass ein Wunder geschehen ist? ... wer wird es als erstes bemerken?... woran wird derjenige es erkennen?...w er noch?.... etc."

Realisierung des Perspektivwechsels in der Kunsttherapie
- Kunsttherapie bietet Möglichkeit Visionen im Bild sichtbar zu machen. Neue Wirklichkeit entsteht in Kommunikation zwischen Klient und Tun, Bild und Therapeut
- Vorteil, es können Visionen (Ängste/ Wünsche) zu Bild gebracht werden, die noch nicht so weit sind, als das sie verbal geschildert werden könnten
- bereits bewusste Wünsche können durch die bildhafte Darstellung konkret werden. An Verhalten angeknüpft

3. Begleitung auf dem Weg zum Ziel: Schritte zur Problembewältigung (Siehe Grawes (1998) Wirkfaktormodell: Intentionsrealisierung bzw. Problembewältigung)
- Methoden: Rollenspiel mit Handpuppe, Lösung im Comic vorbereiten
- Erfordert Interesse zunächst banale Aspekte zu ändern
- Alles wird konkret geplant: Situationen besprochen, in den alles schwierig wird (mit Carlo). Genaues Bild der Situation wird nachgezeichnet, Lösungswege exploriert, die hilfreich wären: wer genau kann helfen? An welchen Ort passiert das Ereignis? etc.
- Aktive Auseinandersetzung mit dem Problem führt zum weiteren Wirkprinzip nach Grawe: unmittelbare Erfahrung bzw. prozessuale Aktivierung: Gespräche über Erleben und Verhalten sind zwar zur Vorbereitung nützlich, die Änderung vollzieht sich aber im Moment des aktuellen Erlebens. Gefühlte Bedeutungen: bedeutungslos wenn es beim Reden bleibt

Wenn Therapeut Klient zu innerem oder äußerem Problemhandeln anregt geschieht auf vielen Ebenen etwas:
- Gedankliche Ebene: Erwartung, dass das Problem verbessert werden kann
- Bewusstsein von Strategien
- Problemlösungsfokussiertes Vorgehen bezieht sich nicht nur auf Erreichung eines Ziels, sondern

auch auf Training handlungsrelevanter Fähigkeiten, mit deren Hilfe ihre Klienten die Absicht umsetzen können

Problembewältigung in Kunsttherapie:
- Unterschiedliche Materialien als Projektionsfläche für unbewusste Botschaften. Diese werden verbal von den Klienten im Laufe der Therapie selbst entschlüsselt. Problem wird greifbar und nach außen transportiert
- Gestaltung ermöglicht Blick auf innere Landkarte. Malen und Gestalten unterstützen dabei Symbolisierungsfähigkeit. Wichtig an der Stelle die stützenden inneren Symbole herauszuarbeiten und als Ressource bildnerisch auszuformen
- Unmittelbare Erfahrungen über das Material können zu einer Wahrnehmungsdifferenzierung führen. In biografischen Zusammenhang einbinden
- Handlungen können im Bild erprobet werden

4. Ressourcen im System: Bedeutung einer erweiterten Perspektive für die Therapie
Ressourcen und psychische Probleme immer im sozialen, kulturellen, ökonomischen und gesellschaftlichen Kontext betrachten.
- Einbeziehung mehrerer Menschen/ Perspektiven in die Therapie, in der Vorstellung oder tatsächlichen Anwesenheit, Bringt immer Erweiterung des Blickfelds auf das Geschehen mit sich
- MillerModell 1997 bestätigt Wirkfaktoren in der Psychotherapie 40% außertherapeutische Faktoren (soziales Netzwerk, soziales Klima, Versorgungsbedingungen) und 30% therapeutische Beziehung

Soziales System in der Kunsttherapie:
- Kunst an sich hat kommunikative Wirkung. Richtet sich nach außen an das nahe Umfeld (System) der Künstlerinnen
- Gesellschaftliche Entwicklungen spiegeln sich in der Kunst wieder. Und Kunst nimmt Einfluss auf Gesellschaft
- Kommunikative Aspekt in Kunsttherapie große Bedeutung. Bild als Verbindung zwischen Klient, Therapeut und Betrachter

Systemische Perspektiven
1.das innere System: (Methoden: Litfasssäule)
- Tendenz Mensch als Ganzheit wahrzunehmen. In systemischer Therapie sollen verschiedene Anteile der Person näher betrachtet werden. Abhängig von Ort, Zeit, Personen verhält man sich anders
- Welche Sicht haben die Anteile auf das Problem und die Ressourcen? Welche werden uns helfen, das Problem zu lösen?

2. das System „Familie“: (Methoden: Familienskulptur aus Ton)
- Alle mit einbeziehen. In Familien eigene Regeln, Tabus, Rituale
- Alle haben einen anderen Blick auf die Problematik und die Lösung des Problems
- insbesondere zirkuläre Fragen bieten mannigfaltige Möglichkeiten zum Perspektivwechsel

3. das soziale Netz (Methoden: vom Baum zum Wald)
- je dichter das unmittelbare Netz, das einen Menschen umgibt, desto größer psychische Gesundheit- erhält Unterstützung in Krisensituationen. Mehr positive Rückmeldungen. Soziale Isolation zusätzlich belastender Faktor

4. Therapiegruppe als System
In der Gruppe wirken noch andere Faktoren (Revenstorf 1922):
- instrumentelle Faktoren: Zusammenarbeit der Gruppe, Offenheit, Vertrauen, aktive Arbeitshaltung (Voraussetzung für Punkt 2)
- spezifische Faktoren: Feedback geben und bekommen, Rollenspiele ausprobieren, gegenseitige Unterstützung, Modelllernen, Altruismus
- allgemeine Wirkfaktoren: Erkenntnis, dass Leid keine isolierte Erfahrung ist. Bereitschaft zur Selbstöffnung als erster Schritt zur Solidarisierung und gegenseitige Unterstützung

5. kulturelle und gesellschaftliche Faktoren
- Unterschiedlichen Zugang zu Ressourcen aufgrund der materiellen und sozialen Situation (Arbeitslosigkeit, Armut, soziale Ausgrenzung)
Bsp. Ressource „Erholung“ = manche Familien konnten sich einen Urlaub noch nie leisten

Ressource „Raum“= manche haben keine eigenes Kinderzimmer
- Einfluss kultureller Stereotype= unbewusste Vorurteile der Ärzte auf die Diagnose. Bsp. bei Frauen wird viel schneller Angst diagnostiziert

Konkreter Therapieverläufe: einer klinischen Familien-Evaluation (Landgarten)
Familien-Kunstpsychotherapie wirksame Methode zur Diagnosestellung, Verhaltensänderung

Diagnoseverfahren
Standardisierte Methode zur Untersuchung:
- Erstes Verfahren: Kreative Gruppenaufgabe ohne Sprechen (Familie soll sich in zwei Gruppen aufteilen- Machtverhältnis/ Bündnis wird deutlich). Jeder sucht eine Farbe aus, die er beibehält -Überblick-. Dann gemeinsam auf ein Blatt malen
Bsp. „formt aus farbigem Tonpapier eine Skulptur“

- Zweites Verfahren: Kreative Familienaufgabe ohne Sprechen (gesamte Familie auf ein Blatt)
Bsp. „Modelliert gemeinsam etwas aus Knetmasse ohne dabei zu sprechen“

- Drittes Verfahren: Kreative Familienaufgabe mit Sprechen (ein einziges schöpferisches Produkt)

Beobachtungskriterien:
1. wer begann mit Bild, warum?
2. in welcher Reihenfolge war die Beteiligung
3. wessen Vorschläge wurden aufgenommen/ ignoriert?
4. welche Teilnehmer beschränken sich auf ihren Bereich, welche dringen in anderen Bereich ein?
5. hat jemand andere Teilnehmer ausgelöscht und Bild übermalt?
6. symbolische Kontakte?
7. Wechselten sich die Teilnehmer ab oder malen in der Gruppe?
8. Wo im Bildraum befinden sich die einzelnen Beiträge?
9. symbolischer Inhalt der Beiträge?
10. wer handelte initiativ?
11. wer funktionierte unabhängig?
12. emotionale Reaktionen?
13. wer folgte Betrag vom anderen, wer nicht?
14. Arbeitsstil der Familie kooperativ, individualistisch oder diskordant?

= liefern Informationen über das Familiensystem: Ich-Stärke, Ich-Schwäche, Rollenzuteilung, Verhaltensmuster, Kommunikationsweisen
- Therapeut fragt nach Wahrnehmung der Aufgabe und erfährt inneres Erleben. Bezieht sich immer wieder auf künstlerisches Produkt als Quelle für Einsichten

Landgarten: Kunstwerk als Grundriss der familiären Basisstruktur
Familiäre Funktionsstörungen: (zeigen sich während des Prozesses und im Produkt)
Beispiele:
1. Undifferenzierte Ich-Masse= verschwommene Grenzen. Knäulartiges Gestaltungsprodukt, Überlappungen, Verschmelzungen
2. Triangulierung= zwei Personen richten ihre Unzufriedenheit auf eine dritte
3. Parentifizierung= vertauschte Eltern-Kind-Rollen
4. komplementäres Rollenverhalten in der Ehe: dominante Selbstständigkeit des einen und Unterdrückung des anderen
5. Pseudogemeinsamkeit= familiäre Fassade positiver Beziehungen. Familienhomeostase. Widerstand gegen Veränderungen
6. Double-Bind= Doppelbotschaften, Widersprüche in der Kommunikation

= Fachleute erkennen Rollen, Bündnisse, Gruppengestalt und Kommunikationsmuster der Familie
= sichtbar gewordene Informationen müssen zum richtigen Zeitpunkt erwähnt werden
- Bsp. Kind hat geringe Frustrationstoleranz im Hinblick auf ein Material= Reaktion der Eltern zeigt, wie zu Hause mit solchen Situationen umgegangen wird

Handwerkzeug
Handwerkzeug der systemisch-(lösungsfokussierten) Kunsttherapie

Klient-Material-Beziehung (Vier-Phasenmodell im Gestaltungsprozess)
1. Phase des Kennenlernens
2. Phase der Gestaltung: Beziehung zwischen Klient und Material vertiefen sich bis hin zu einer symbiotischen Beziehung
3. Phase der Verabschiedung: als Schöpfer vom Werk lösen. Es als etwas Eigenständiges betrachten
4. Phase der Wertschätzung: schließt den Gestaltungsprozess ab. Präsentation der Arbeit, evtl. einrahmen etc. beinhaltet eigene Wertschätzung, nicht die der anderen
= Gestaltungen wirken auf jedes Familienmitglied. Feedback wichtig!

Sprache als Handwerkzeug
- Fragen sind für lösungsfokussierte Therapeuten ein wesentliches Handwerkzeug (der kleine Prinz)
- Sprache schafft Wirklichkeit!!!

Fragen:
- Individuell: was beobachten sie selbst?
- Zirkulär: Wenn ich ihren Mann fragen würde, was er beobachtet hat, was würde er erzählen?

Fragenbereiche von De Shazer/ Berg:
1. Presession change: Veränderung zwischen Anmeldung und erster Therapiesitzung. Was hat sich seit ihrer Anmeldung verändert? Viele geben tatsächlich eine Veränderung an.
2. The miracle: Die Wunderfrage und Variationen: ermutigt aus Rahmen des Problems herauszusteigen, auf fiktive Ebene zu wechseln
3. Ausnahmen: Hidden miracles (versteckte Wunder): Wo gab es Zeiten, in denen schon ein klein wenig von dem Wunder auftrat? Welche Schwankungen gab es? Richtet Fokus auf kleine Schritte
4. Coping questions-Bewältigungsfragen: Wie haben sie es überhaupt geschafft bis jetzt durchzuhalten?= wenn Patientinnen Anerkennung für ihr Leid brauchen
5. Skalenfragen: Wo stehen sie jetzt auf einer Skale von 1-10, wenn 1 die schlimmste Zeit des Problems ist und 10 das Wunder?

- Komplimente: Direkte: mich beeindruckt wie klar sie das sehen vs. indirekte: wie wussten sie, dass das helfen würde?

Weiteres Handwerkzeug:
1. die Einladung: Klienten sind Agenten von Veränderung. Man selbst kann sie nicht zwingen
2. Blick auf Positives richten/Perspektivwechsel: Entwicklung einer konkreten Zielperspektive. Keine negativ-Formulierungen wie "das Problem soll weg sein", sondern „was ist das Neue"
3. wieder Kontrolle erlangen/ eigene Anteile entdecken: angeblich sollen sich immer andere ändern. Klienten sollen eigene Anteile entdecken und damit ihren Einfluss auf das System verstehen
4. das Positive sichtbar und erlebbar machen:
- durch Auflisten (Ausnahmen und andere Ressourcen kennenlernen): Bsp. Was gefällt ihnen an ihrem Sohn? Was noch?
- Durch Ausweiten (einen Bereich vertiefen): erzählen sie mir mehr davon
5. Verstärken: das Positive wertschätzen: Bsp. Von Carlo und Mutter: durch Komplimente: was wird ihr Mann zu der neuen Gelassenheit sagen. Therapeut soll sich mit großer Neugier für das Ziel interessieren

Richtungen
- Kunsttherapie von der anderen Seite tut sich eher schwer mit dem Ansatz, da tiefenpsychologisch, psychoanalytisch, humanistisch. Nicht kombinierbar mit lösungsfokussiert
- Tiefenpsychologisch orientierte Therapeuten zunächst gegen Systemiker, da man zuerst die Wurzeln behandeln muss
- Erst später wurden Tiefenpsychologie und Systemtheorie zusammen geführt „setzt man die Therapie an einem Individuum an, so muss sich das System ja auch mit verändern. Setzt man die Therapie an dem System an, so setzen sich die Mitglieder automatisch mit frühen Sachen auseinander "

Systemisch-konstruktivistische Sichtweise in ausgewählten kunsttherapeutischen Ansätzen
systemisch-gestaltungstherapeutischer Ansatz [Madelung]
Integration körperorientierter Elemente in die Gestaltungstherapie:

- Körperwahrnehmung und Tiefenentspannung
- Abreaktive Körperarbeit [Bsp. Bionenergetik=Körperliches sind Analogien seelischer Vorgänge (Alexander Lowen), Biodynamik (Gerda Boyesen)]= Körper wird als lebendige Biografie verstanden: Verspannungen zeigen traumatische Erinnerungen. Grundlage ist die Psychoanalyse- traumatische Ereignisse als Ursache psychischer Störungen. Bild dient dem Gefühlsausdruck frühkindlichen traumatischen Erlebens
- konzentrative Körperarbeit [Atemtherapeutische Ansätze, AT; Visualisier- und Spürübungen. In Bewegungstherapie wie Feldenkrais]= Körper wird als selbstregulierendes System mit Selbstheilungskräften des Unbewussten gesehen. Innere Bilder als Ressourcenbilder. Bilder als Kommunikation mit dem Unbewussten
- Das Ausdrucksbild- das Leit- oder Ressourcenbild
- Das Körperbild
- Grundlagen des systemischen Denkens
- neuroimaginatives Gestalten (NIG)

Körpermethoden bauen häufig auf systemischem Grundverständnis auf:
- Wirklichkeit wird durch eigene Vorstellung konstruiert
- Kausales/ systemisches Denken: Wechselwirkung: Personen, Persönlichkeitsanteile und Körperbereiche werden als wechselwirkend verstanden. Alle Teile des Systems oder Organismus müssen berücksichtigt werden= nur so können Selbstheilungskräfte wirksam werden
= Künstlerische Tätigkeit löst Selbstheilungsprozess aus

Systemisch-psychoanalytische Kunsttherapie [Schmeer]
- greift Systemphänomene wie zirkuläre Vernetzung, Wechselwirkung/Lebensdynamik und Komplexität menschlicher Existenz auf und integriert sie in psychoanalytischen Ansatz
- Schmeer: Bild als Netz von Beziehungen zwischen einzelnen Bildelementen, z.B. zwischen Farbelementen, Symbolen, Personen
- Konzentration auf wechselseitiges Beziehungsverhältnis zwischen körperlichen (biologischen-organischen)und kognitiven Prozessen. Die Beziehungsdynamik auf Bildebene gibt Rückschlüsse auf Wechselwirkung bio-psycho-sozialer-Prozesse
- Psychoanalytische Interpretation ist mehr auf inhaltlicher Ebene und systemische Interpretation auf relationaler Ebene
- systemtherapeutische Methodik: Schmeer übernimmt zirkuläre und hypothetische Fragetechniken aus der Systemtherapie etc. Dialog der Bildelemente. Klient nimmt wechselnde Perspektiven ein. Probehandlungen

Schmeer orientiert sich an einem ganzheitlichen Gesetz aus der Philosophie: dem LEBENSFLUSS
- Grundlage psychophysischer Ausgewogenheit und Gesundheit einerseits und Prinzip des Lebenshindernisses, der Stagnation, der (bioenergetischen) Blockade als Ursache von Störungen andererseits
- In spontan gemalten Bildern: Energiefluss als Zeichen für Wohlbefinden. Blockaden; Verstopfungen und Abrisse als Symbol für Missempfinden. Blutbahnen etc.= fließende vs. Blockierende Dynamik

Systemisches Verständnis:
- Psychoanalytische Theorie orientiert sich am längsten am Prinzip der (Psycho-)dynamik und Wechselwirkungen von geistigen Instanzen und seelisch-körperlichen Instanzen
- Freuds Strukturmodell der Psyche= wird systemisch erweitert:
Durch Gegenübertragung werden (un)bewussten Reaktionen des Seelenlebens des Therapeuten immer bedeutsamer. Demnach in psychoanalytischer Therapie auch Aspekte aus der Systemtheorie
- Grundlage des Buches: erweiterte Therapiemodell, indem das Erleben des Therapeuten in Wechselwirkung mit dem Erleben des Klienten steht. Gemalte Bild wird als drittes Objekt in das System mit einbezogen

Bildbetrachtung nach der systemisch-psychoanalytischen Kunsttherapie
Der Komplex/ die Fixierung
- Wer/was dominiert in der dargestellten Szene?
- Komplexe sind Blockaden! Fixierungen, die Energien fressen.
Nach Komplex-Diagnose: Bewusstmachung und Neuverteilung der zuvor gebundenen Energien (Neuverteilung kann schon durch das Anlagen eines neuen Blattes geschehen- Aufmerksamkeit wird so auf was anderes gelenkt- andere Energiebesetzung)
- Energiebesetzung kann sich durch Visualisierungsübung ändern: Patient soll Augen schließen.

Blockade ganz genau beschrieben, denn Beschreibungen/ Konzentration darauf schwächt den Schmerz. Sobald wir aufhören dagegen anzukämpfen, sondern es genau betrachten

Ähnlich der Besetzung [Freuds Energie-Besetzung]
- Über-Besetzung. Bsp. Gedanken drehen sich nur um die Gebärmutter (Organ wird überbesetzt)
- Isolierte Organe im Bild häufig Zeichen für Überbesetzung oder vom Kinderwunsch besessen
- Verschiebung: eigentliches Problem liegt wo anders. Bsp. Kinderwunsch-Besetzte malt 8 Embryonen- wie die Anzahl ihrer Geschwister= Problem liegt dort

Das Ich im psychodynamischen Kontext
- Wo/ wie ist die Ich-Position der Patientin im Bild? Regressiv?

Die Übertragung/ Projektion
- Jedes Bild enthält Beziehungselemente. Nicht nur zwischen Personen, sondern auch Fahrzeuge, Flüsse, Tiere etc.
- Beziehungsdynamik erkennen
- Im Bild sind Schuldkomplexe. Überträgt die Therapeuten diese auch auf mich? Erkenne ich im Bild die Beziehung zum Therapeuten?

Die Gegenübertragung
- Verleugnung und blinde Flecken des Therapeuten. Z.B. wenn der Therapeut negatives Verhältnis zum Vater hatte, fällt ihm vielleicht gar nicht auf, dass dieser im Bild fehlt

Der Widerstand (gibt's sonst im systemischen gar nicht)
- Bearbeitung des Widerstandes auf einem Fortsetzungsbild
- Wenn etwas festgefahren ist, kann auf einem Bild, das daran geklebt wird, ein Weg gemalt werden

Die Ressourcen
- Was die Eltern nicht bieten konnten, gelingt vielleicht ersatzweise/ symbolisch im Bild- durch Symbiose???

Progression/ Regression
- Man erkennt Progression/ Regression im Bild
- z. B. progressiv gebundene Energien über Zukunft unten links (wenn dort Thema Zukunftsperspektive)
- Regressiv gebundene Energien (wenn Geschwisterkomplexe etc....)

Methodik: Der Dialog der Bildelemente
- es wird nicht über das Bild gesprochen, sondern die Bildelemente sprechen selbst miteinander, um komplexgebundene Energien zu lösen
- Das wahrnehmende Hilfs-Ich beginnt die verschlüsselten Bildelemente zu befragen (befragendes Ich): wer bist Du? Was machst Du hier? Patient hat Freiheit soviel zu sagen, wie er möchte
- Bleibt die Bildgeschichte im Skript des Patienten oder Therapeuten hängen, dann plötzliche Frage stellen „auf einmal geschah etwas unerwartetes"
- Bildgeschichte auf Symbol- und Realebene
- Ergänzung durch Einsetzen von Symbol-Figuren (Schmeer bietet bestimmte Figuren für den Handlungsablauf an. Können aufs Papier gesetzt und bewegt werden. Handlung kristallisiert sich um das Haupt-Ich. Ist dasselbe, ob Patientin aus der Sicht der Bildmotive spricht oder aus der Sicht der Symbolfiguren)=Bildelemente reden miteinander- Systemik wird deutlich
- Schmerzpunkte werden zunächst nicht direkt angesprochen. Erstmal Nebenelemente, um auf Ressourcen aufmerksam zu werden. Ressourcen befragen sich. Energiebesetzung auf dem Bild wird dadurch verschoben. Schmerzpunkten wird Energie entzogen
- Organ-Dialog: es muss nicht danach über den Dialog selbst gesprochen werden. Rational zu denken blockiert. Die emotionale Wirkung reicht!

Buch ist in drei Kapitel geteilt:
- Das Körperliche: Lebensfluss und Lebenshindernisse – Blockaden- auf Körperbildern
- Das Psychische: Sackgassen: therapeutischer Umgang mit Skripts im Bild
- Das Geistige: Durchbruch durch geistige Blockaden

Das Körperliche: Lebensfluss und Lebenshindernisse – Blockaden- auf Körperbildern
Körperbilder:
- Spontanzeichnungen, Reise durch den Körper, Beschwerdebilder (gut als Einstieg), lebensgroßes Körperbild

Gesunde und kranke Elemente in Körperbildern: Orientierungshilfen:

1. *allgemeiner Eindruck des Körperbildes*

Assoziationen? Asymmetrien, merkwürdige Proportionen, fehlende Körperteile?
- Mit zirkulären Fragen weiterarbeiten: Was sagt das Knie? Was würde ihr Vater dazu sagen?

2. *Lebens- und Energiefluss im Körperbild*

=Körper als System von Leerräumen, Kanälen und Leitern
Verstopfte Kanäle als Symbole für Blockaden, Offene Kanäle als Symbol für freien Fluss der Energie
- Energie-Symbole (Linien, Kreise, Spiralen) verdichten, verknäulen sich und schwingen nicht aus…

3. *Unterteilungen im Körperbild*

Das Organ spricht für die Seele. Organ-Dialog herstellen, im Gespräch mit dem Patient durcharbeiten, auf Bildebene eine Lösung finden
Bildhafte und abstrakte Körperbilder: wer den Körper bildhaft malt, fühlt und empfindet. Wer den Körper abstrakt malt, distanziert sich vom Empfinden
- Lesen von Körperbildern am leichtesten wenn Blockaden an einem Organ sind
Bsp.
Blockaden im Herz-Kreislauf-System: Strömen des Blutes hat was mit Gefühlen zu tun
Bsp. Borderline-Leeregefühl: „Seele ist so leer". Herz eingemauert. Körperteile voneinander distanziert. Später malt Patientin sich voller Dynamik (wegen Kaffeesucht)
- Indikation für zirkuläre Fragen:
Aufmerksamkeit erst auf periphere Dynamik verlagern, um Energie vom autoaggressiven Komplex wegzulenken
Blockaden im Magen-Darm-Kanal: oft Sackgassen im Bild, im Urogenitalsystem, im Skelett und Bewegungsapparat etc.

4 *Symbole für Beschwerden*

5 *die Haut, die „Ausstrahlung"*

Haut als atmendes Organ. Empfindet Kälte, Wärme, Schmerz etc.
1. eingemauerte Haut/ eingemauerter Körper: Körper im Würfel. War in Kindheit sinnvoller Schutz vor Missbrauch, jetzt: Versteck, Gefängniszelle
2. Bekleidete Haut: Schamgefühle und Angst, ihr Genital zu zeigen
Wie eine Schale ist die Doppelte Haut auf dem Körperbild
3. vielschichtige Haut, 4. strahlende Haut, 5. gestrichelte Haut: Gestrichelte Haut ist Unsicherheit im Haut(kontakt), 6. Offene Haut/ das rohe Fleisch: Körper als Wunde, Verwundbarkeit

4. *Das Körperbild im Kontext mit anderen Bildelementen*

- Wie fühlt der Patient sich in der Umwelt in Bezug auf Leiblichkeit: aufgehoben, ausgeliefert etc.?
- Abspaltung von angstbesetztem Eingriff: Bsp. Vor einer OP zeichnet jemand auch die Ärzte (nur die Köpfe von allen) und das Körperteil das operiert werden soll- ohne Körper
- oft in Bildern Verbindung von Körper mit Kosmischen: mit der Nacht, der Natur.

5. *Der Körper als Lehrmeister des Kunsttherapeuten*

- Blockaden in Bildern entschlüsseln sich von selbst, wenn wir sie sprechen lassen
Organ-Dynamik wird sichtbar, Blockade im Ganzen betrachtet
- Therapeut bietet Organismisches Denken an. Organe verwandeln sich in Sprache und äußern sich
Organismisches Denken folgt gleichen Gesetzen wie die dargestellte Kunsttherapie: alles läuft in (Regel)kreisen und ist auf Homeostase, Zusammenspiel, und Wiederherstellung des aus der Balance geratenen Gleichgewichts hinaus
----

Das Psychische: Sackgassen: therapeutischer Umgang mit Skripts im Bild
- Lebensweg gestalten. Darstellungsform:: Flusslauf, Lebenspanorama. Bilder machen auf allgemeine Zeichen für Lebensfluss (Ressourcen) und Lebenshindernis (Blockade) aufmerksam
- Schmeer fiel auf, dass sich in Bildern von Patienten bestimmte Bilder- und Farbstrukturen

wiederholen. Ähnliche Muster im Bild entsprachen ähnlichen Mustern im Seelenleben und ähnlichen Mustern auf dem Lebensweg
- Manche Lebensmuster (und entsprechende Malmuster) erweisen sich als Lebenshindernisse, als Blockaden des Lebensflusses
- Grundmuster können im Lebenspanorama erkannt werden. Ziele lassen sich anhand des Panoramas setzen
- erinnern an Urformen in Kinderzeichnungen, der Kunst, der Natur, des Mikro-Organismus

Grundmuster	**Ressourcen**	**Blockaden**
Grundmuster des geraden Flusses	Seele ist wie ein Lebensfluss	Haken sind mehrmals wiederkehrendes Symbol= Aggressionen gegen Eltern
Linear aufsteigendes Lebenspanorama (= Höherentwicklung im Leistungsbereich)	Ein Potential an Erde ist vorhanden. Das Auseinandergebrochene muss wieder zusammen gefügt werden (Ziele)	Boden ist abhanden gekommen (durch Hinwendung zum Spirituellen). Viele Sackgassen. Auseinanderklaffen
Lebenspanorama vermittelt Eindruck von Säulen	Ordnender Verstand unterscheidet zwischen verschiedenen Kapiteln im Leben	Prinzip der Höhe= Leistung dominiert (wie Lasten)
Aus vielen Gliedern zusammengesetzter Wurm (Serpentine)	Manche Kästchen verweisen auf seelische Lockerung	Kästchen aneinandergereiht symbolisieren Enge und Kontrolle. Zwanghafte Strukturen
Grundmuster der Serpentine	Sonnen-Periode	Malerin wiederholt bestimmtes Grundmuster: das Schwarze hält das Rote. Sie selbst ist Schwarz (Ziel: Verantwortung muss abgegeben werden) Aus dem Lebenspanorama sichtbarwerdende Skript-Strukturen. Zeigt dass Muster in allen Lebensbereichen wiederkehrende Phänomene sind (Verantwortung zuerst für Schwester, dann für Freund, dann für Vater) Skriptstrukturen in Form von Form und Farbe. Man kann von SKRIPT-STEMPEL sprechen (lassen sich oft erst erkennen, wenn man einige Stellen durchpaust und extra untersucht)
Grundmuster des Lebensrades. Lebensphasen ordnen sich zwischen Speichen des Rades (erinnert an tibetisches Lebensrad, in dem eine Kette von Kausalfaktoren das Lebensrad in Bewegung setzt)	Differenzierte Strukturen und Farben	Strukturen und Farben durch Zackenlinien gestört. Man erkennt nicht wovon (kann mit DIALOG DER BILDELEMENTE rausgefunden werden)

- Skript-Stempel/ Analogien (ähnliche Wesenzüge, existentielle Eigenschaften, Qualitäten, Formmuster, sein. Ähnliches weist auf gemeinsamen Urtypus/ Archetypus hin)
- Eine Szene stellvertretend für das ganze Leben: Hinweis auf eine Skript-Prägung: es gab in dem Leben der Patientin wohl immer wieder analoge Muster

Graphische Lebenskurven:
- Gibt allgemeinen Überblick, bei Zeitmangel empfehlenswert
- Hierin sind ähnliche graphische Formen für Hindernisse erkennbar: Schnörkel, Kugeln, Labyrinth etc.

Staustellen beziehen sich auf körperliche Leiden, beruflich, private und geistige Krisen

Die Sackgasse
- Sinnbild: Sackgassen beinhalten Gefühls- Verhaltens- und Kommunikationsmuster, die immer zu gleichen Problemen führen
- Nicht nur verinnerlichte Sätze sondern auch Konstellationen erweisen sich im Leben als Sackgasse. Bsp. Drei= 2 plus 1 „zwei gehören zusammen. Einer läuft neben her"
- Auswege aus Sackgassen, z.B. neues Blatt wird angelegt: darauf soll weiter gezeichnet werden
- Sackgassen-Symbole kommen in Bildern auf unterschiedliche Weise vor: Bsp. Ein Weg endet im Nebel. Papier kann angelegt werden: was kommt dahinter? Nebel auf einem Bild häufig Hinweis auf Verheimlichtes, Schlimmes, Tabuisiertes

Das Skript
- Begriff von Berne (Psychoanalytiker): Leben des Menschen wird schon früh von Mustern geprägt, wird durch Muster gebunden
- Die in früher Kindheit angelegte Skripts beziehen sich auf Gefühle, Gedanken, Reaktionsweisen, Verhalten und Interaktionen. Da sie immer dieselben sind können sie zu Lebenshindernissen werden
- Lebensskriptanalyse: es soll festgestellt werden, wann ein Mensch in der frühen Kindheit (zumeist) unbewusst Entscheidungen für sein Lebensmuster oder Lebensplan getroffen hat
- Jeder Sackgasse liegt ein Skript zugrunde

Der Widerholungszwang
- Verständnis der Skripttheorie , der immer wiederkehrenden Sackgassen, nur möglich, wenn wir an Freud „Wiederholungszwang" denken:
- Mensch bringt sich immer wieder in ähnliche unangenehme Situationen. Wiederholt alte Erfahrungen ohne sich an das Vor-Bild zu erinnern. Hat den Eindruck die aktuelle Situation motiviert ihn dazu
- Wichtiges Thema in der psychoanalytischen Therapie ist die Bewusstmachung der Skriptformel!!!!
Bsp. Eingefleischte Rolle: Biest, Kratzbürste...
Oder Sätze: es darf mir nicht gut gehen. Ich trage die Verantwortung etc.

Methoden Beispiele zur Skriptarbeit:
- Können in Bilderweiterung bearbeitet werden (Blatt anlegen). Visualisierung neuer Wege
- Oder in Dialogen der Bildelemente
- Oder Teile des Bildes (wie das Selbst Bsp. Kopf des Jungen am Fenster) können mit der - Pauspapiermethode noch mal übernommen werden und aus einem anderen Blickwinkel(unabhängig von der Situation) gestaltet werden
- Holzfiguren auf das Bild stellen, sie eventuell kommunizieren lassen (Bsp. Wo stehen die Eltern? Um auf die wirkliche Thematik einzugehen- hier erkennt man Verbindung Psychoanalyse und Systemtheorie)
- Märchenthemen
- Bildteile können auch ausgeschnitten werden. Bsp. Ein Mann malt viele Steine auf einen Haufen in dem Weg. Steine sollen ausgeschnitten werden und genau bezeichnet werden- So werden Probleme einzeln angegangen

Beispiel: Sex-Sucht: dargestellt in einem Pferd. Skript: wenn ich dem Tier nicht gehorche, holt es mich ein...
- Im Bild soll Patient sich mit dem Tier auseinandersetzen. Mit Transparentpapiermethode mal nur sich gegenüber dem Tier aus dem vorherigen Bild übernehmen= aus Es wird Ich. Der Patient wird zum Reiter und nicht mehr vom Pferd verfolgt. Ausstieg aus SexSuchtSkript
- Skript: wenn es Dir schlechtgeht darf es mir auch nicht gut gehen. Ziel der Therapie: Abgrenzung

Allgemeines zur Psychodynamik des Phänomens Sackgasse:
1. Wenn eine Strasse/ ein Weg/ Wasserlauf etc. im Bild ist, so zeigt das, dass die Lebensenergie des Malers Richtungen hat bzw. dass eine Dynamik der Öffnung/ des Aufbruchs, der Progression (oder eine Dynamik der Regression) vorhanden sind
2. ist der Weg etc. zugebunden, so zeigt das, dass es eine Gegenkraft gibt, die das Begehen des Lebensweges, des sich-Öffnens, die Regression nicht zulässt
3. Blockade, die Gegenkräfte der Progression sind oft lebensfeindliche Skripts, aus der Familie übernommene Formeln, die das Fortschreiten mit Angst besetzen

- Sackgassen-Depression: Mensch, der in eine Sackgasse gerät, reagiert irgendwann mit einer

Depression, niedergedrückt, resigniert. Bsp. Symbol einer Sackgassen-Depression: Person ist im Sarg

Diagnostische und prognostische Anhaltspunkte im Bild:
1. wie groß ist die Auswegslosigkeit? Wie erdrückt ist der Maler von den Lebenshindernissen?
2. Wie ist die Position der Ich-Repräsentanten im Bild? (liegend, schwebend, im Aufbruch etc.)
3. ist dem Maler (un)bewusst eine progressive Dynamik des Ausbruchs etc. –formal oder farblich- ins Bild geraten

Therapeut muss aus dem Bild ablesen: sowohl das Verhältnis von Bedrängnis/ Stagnation als auch Auflehnung/ angedeutete Lebensenergiekanäle

----

Das Geistige: Durchbruch durch geistige Blockaden
- psychisch Kranke versuchen oft ihr biografisches Schicksal (Isolation etc.) mit spirituellen Themen zu bewältigen. In Bildern: Weg-Bewegung vom Boden. Abspaltung des realen Lebens auf dem Boden

Bilder können zu einem Aha-Erlebnis führen! Erklärungen:
1. das Überraschungsmoment: das Unerwartete sprengt die Leidensstrukturen
2. das ganzheitliche Erfasstsein: Verdrängtes, Abgespaltenes, Blockiertes wird in den Augenblick mit einbezogen und trägt zum Energieschub bei
3. Transzendenz der Dualität: Synergie: zwei fast gleichzeitig aufeinandertreffende völlig entgegen gesetzte Eindrücke sprengen die Dualität des Verstandes. Pole von negativ und positiv werden umschlossen und transzendiert
- Schema in der Mathematik könnte das Wunder im Sinne eines Synergieprozesses (Molzberger) verdeutlichen: großes hin-und Herschwanken vor einem Sprung in eine andere Dimension. Übergang in einen Synergiezustand geschieht dann sprunghaft: entweder das System entscheidet sich zum Sprung oder zum in niedrigen Zustand zurückfallen
4. Erleuchtung/ Ich-Freiheit: Zusammentreffen eines alten Bildes mit einem neuen befreienden Bild bewirkt Erleuchtung. Eindruck des Bildes bleibt an Person gekoppelt

Geistige Themen:
- als Abwehr von Berührung: Personen wünschen sich eine Verbindung in die Tiefe/ Nähe. Doch Angst. Wird überdeckt von esoterischem Geschwatz
- als Abwehr früh liegender sexuellen Themen

Nahtod-Erfahrungen: Schlüsselerlebnisse brechen alle Strukturen auf, die sich der Mensch mit seinem Verstand zusammengereimt hat: Überzeugungen, Vorstellungen, Erwartungen...

Spirituelle Symbole:
Neben: Herz, Kirche, Regenbogen, Licht etc....
Taucht ein Symbol auf, sind folgende Überlegungen anzustellen:
1. Wo steht das spirituelle Symbol im psychodynamischen Kontext? Bestrahlt es die Szene? Lenkt es vom Problem ab? Ist es integriert oder abgespalten?
2. welche individuelle Bedeutung hat das Symbol für den Maler?
3. welches ist die über-persönliche (archetypische) Bedeutung des im Bild auftauchenden Symbols?
4. welche Art ist die Bereitschaft des Malers den geistigen/ kosmischen Raum zu betreten?: kritische Reserviertheit hindern den Maler, den Raum zu betreten oder Abwehr: Patient bestreitet das aufgrund schlechter Erfahrung mit Klosterschule etc. oder Hochgefühl: Patient leuchtet das sofort ein

Systemisch orientierte Methoden und Verfahren in der Kunsttherapie

<u>Stammbaums bzw. Genogramm</u> (aus der Familientherapie):
Familie fertigt zusammen einen Stammbaum an. Visualisierung für alle Teilnehmer. Bsp. es wird erkannt, welche Bedeutungen Scheidungen in der Familie der Mutter hatten. Gegenreaktion dann „heile Familie“.
- Familienressourcen werden bewusster und Koalitionen und Hierarchieumkehrungen sichtbar

<u>Gestaltung einer Skulptur mit allen Familienmitgliedern</u> (aus der Familientherapie):nachlesen

Eine Person soll die Puppen in Beziehung zueinander setzten
- Unterschiede und Gemeinsamkeiten werden sichtbar
- jede Skulptur wird extra besprochen, andere Mitglieder werden mit einbezogen (zirkuläre Fragen)
Darauf achten, ob Ist- oder Wunschzustand
Individuelle- und Familienressourcen werden sichtbar

Neuroimaginatives Gestalten [NIG] (aus der systemisch orientierten Gestaltungstherapie):
(In Anlehnung an Bandler-Grinder-Dilts= neurolinguistisches Programmieren (NLP))

Instruktion:
In einer Tiefenentspannung wird der Klient aufgefordert, sich die Problemsituation intensiv vorzustellen. Anschließend eine Farbskizze davon anfertigen
Dann in gleicher Weise drei Blätter gestalten, in denen eine Lösung zu einer Situation gefunden wurde oder eine Tätigkeit ausgeübt wurde, in der man kompetent ist
Soll auf Fußboden gelegt werden, wie der Patient möchte
Soll sich zunächst auf Problemblatt, dann auf Kompetenzblätter stellen und sagen wie er sich fühlt. Und wie sich Befinden ändert, wenn er von einem auf das andere Blatt geht...
Psychische Umgestaltung besteht darin dass Kompetenzbilder unter Problembild geschoben werden
So erlebt man die Situation stark verändert
= Unbewusste wird angeregt, im Problembereich werden Lösungsmöglichkeiten gesucht, verstärktes Selbstbewusstsein wird aufgebaut
Geht in sein Bild hinein und nimmt unterschiedliche Körperempfindungen wahr
= gedankliches Ressourcenbild/ Vorstellungskraft hat gestärkt. Bild des NIG wird zum Ressourcen-Anker (Verknüpfung eines äußeren Reizes mit einer inneren Vorstellung). Im NIG findet über den Gestaltungsprozess eine Selbst-Ankerung statt, d.h. Patient wird nicht an Therapeuten gebunden

Das Stärkentier
Ziel der Übung: Wahrnehmen und Sichtbarmachen der eigenen Stärken
Zielgruppe: Kinder und Erwachsene
Setting: Einzel- und Gruppentherapie
Materialien: DinA4 Papier, Farbstifte
Dauer: ca. 30 bis 60 Min

Instruktion: wir haben schon viel erfahren, über Dinge, die schwierig sind. Heute wollen wir den Blick auf die Kraft in Dir richten. Auf eine besondere Art und Weise. Welche Tiere kennst und magst Du? Z.B. der Löwe, was kann der besonders gut? Wenn Du Dich in ein Tier verwandeln könntest, was wärst Du am liebsten?
- Fokus auf Stärken. Therapeut soll gucken, ob die dargestellten Stärken bereits vorhanden sind
- Arbeit lässt sich vertiefend 3d darstellen

Der Lebensfluss
Ziel: neben der Problembiografie die Ressourcenbiografie entdecken
Leben als Fluss darstellen. Zur Vereinfachung schon mal Geburt, Schule etc. hinschreiben. Man kann auch immer ergänzen. Auch mit Acryl möglich
- Ähnlich dem Lebenspanorama von Schmeer: chronologische Darstellung des eigenen Lebens auf DINA3 Blatt

Lebensfluss für die Zukunft
In Anlehnung an den anderen Fluss die Zukunft gestalten, auf eine Papierrolle die ausgemalte Zukunft darstellen
Zukunftsfluss kann immer ergänzt werden

Wunschbaum
Blätter als Symbole für einzelne Wünsche darstellen. Düngesack mit Ressourcen daneben

Sich selbst neu erfinden: Wunsch-Selbstportrait
Aufgabe in Anlehnung an die Wunderfrage...wachst auf. Alle Probleme gelöst—du bist verändert... wie sähst du aus?.....
Umrisse werden gegenseitig abgemalt und anschließend gefüllt
Therapeut macht wieder auf die Dinge aufmerksam, die es doch bereits gibt an Positivem
Problemdruck wird mal ganz hinter sich gelassen. Ohne Problemdruck eine Vision entwickeln

Lösung im Comic vorbereiten (spielerische Problembewältigung)
Abfolge verschiedener Bilderserien. Notwendige Schritte des Problems sichtbar machen. Ernsthafte Probleme durch Ausdrucksform Comic erhöhen, fiktiv. Entschärfen. Wer ist man selbst im Comic, Superman?

Litfasssäule
Säule gestalten mit unterschiedlichen Bildern zu Instruktionen wie „Landschaft, in der Du Dich gerne aufhälst“, Maske die Du gern aufsetzen würdest...

vom Baum zum Wald
in der ersten Sitzung: „Malen Sie sich als Baum“
in der zweiten Sitzung: „Geben Sie diesem Baum einen Platz“

(Methoden der narrativ- therapeutischen Kunsttherapie)
Biografische Erkundungen
- Gesprächsübung als Rollenspiel für zwei Klienten. Jeweils einmal in der Rolle des „Erzählers“, einmal in der des „Zuhörers“. eignet sich zum kennen lernen als auch zum Austesten der unterschiedlichen Rollen
- Klienten überlegen sich unabhängig voneinander ein bestimmtes Schlüsselerlebnis. Bsp. „*Was war für Dich ein Schlüsselereignis auf dem Weg zu einem Kunsttherapeuten, was für Dich heute noch wichtig ist?*“ - Schlüsselereignis soll in einem passenden Wort oder einem Satz aufgeschrieben werden.
- Mithilfe einer Begegnungsübung werden Paare gebildet. Klient A erzählt sein Schlüsselerlebnis. Der andere hört zu. Hat Klient A seine Geschichte beendet, so stellt Klient B Nachfragen [möglichst systemische Fragen]. Dann umgekehrt. Am Ende Reflexion: Gibt es Veränderungen in der Einstellung zu dem Schlüsselerlebnis? Jeder erzählt auf nachfrage schlüsselerlebnis oder das eigene?
Ziele: dient zur Erfahrungsverarbeitung. Durch Reflexion mehr Klarheit. Subjektives Erleben wird thematisiert Zusätzlich Perspektive der zweiten Person hinzu

Linienland
- Therapeut erzählt Fantasiereise „Im Land der Linien“
- Klienten sollen mit Kreide, Edding, Grafit- Blei- oder Filzstift ihr eigenes Land der Linien zeichnen (20 min)
- Text (sieben bis zehn Sätzen) zu individuellem Land der Linien verfassen

- Anregung vom Therapeut: „Wie hast Du Dich im Land der Linien gefühlt? Wie groß ist das Land?
- Bild und Kurzgeschichte werden in Gruppe vorgestellt
- Ziele: - bildnerischen Prozess und Sprache miteinander verbinden. Meta- Ebene durch die Geschichte. Unterschiedliche Perspektiven durch die Gruppenmeinungen

Projekte:
Janschek-Schlesinger: 3 Projekte mit Multiple-Sklerose-Patienten
Themen:
- Begegnung und Begreifen
- Bildkraft „während am Anfang die reine Muskelkraft im Vordergrund stand, war es danach die innere Kraft“
- Faszination der Gegensätze „wirkt alles oder nix-Denken entgegen“

Besonderheiten:
- Themen entwickeln sich aus der Gruppendynamik heraus
- Es findet ein Prozess von einer negativen Grundhaltung zur Stärkung/ zum Optimismus statt
- Enden zumeist mit eine Ausstellung

Projekte können mehrere Wochen bis über ein Jahr lang laufen, Sitzungen a 90 Minuten
Projektarbeit ermöglicht auch individuelle Arbeiten, die dann in das Gesamtprojekt integriert werden

----

Landgarten Beispiele:
Krisenintervention für ein sexuell missbrauchtes Kind und seine Familie
- Umfasst Einzel-, Paar- und Familiensitzung. 6 Wochen plus Folgeuntersuchungen sechs Monate, 1 Jahr und drei Jahre später (kunsttherapeutische Einschätzung)

- Bsp. In erster Stunde mit Eltern nur reden. Wichtiger! Fall schildern...
- Ziel: Gerichtssituation nachstellen, da Kinder oft Gerichtstrauma etc.
- Künstlerische Betätigung des Kindes selbst als Beweismaterial zur Identifizierung des Täters

Kind kann Zeichnungen als Erinnerungshilfe im Gerichtssaal nehmen. Visuelle Dokumentation. Bei konkreten Angaben

oder

Die Eltern leben in Scheidung als Therapiemotivation

Situation bringt Kind in eine Beziehungsfalle und Zwiespalt. Schwankt zwischen Kummer und